AF358105

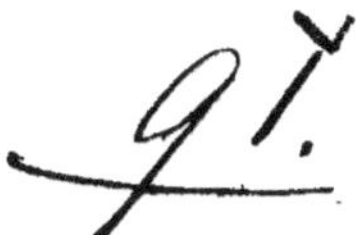

Vente du Vendredi 20 Novembre 1868.

OBJETS D'ART

ET

D'AMEUBLEMENT

COLLECTION de Mme C. B.

EXPOSITION PUBLIQUE

Le Jeudi 19 Novembre, Salle n° 3

Mr BAUDRY
C^{re}-Priseur
RUE NEUVE-DES-PET.-CHAMPS, 50.

M. DHIOS
Expert
RUE LEPELETIER, 33.

PARIS — 1868

RENOU & MAULDE

Imprimeurs de la Compagnie des Commissaires-Priseurs,

RUE DE RIVOLI, 144

CATALOGUE

D'OBJETS D'ART

ET

D'AMEUBLEMENT

Meuble Crédence en bois sculpté, Glace Louis XIII.
Fauteuils et Chaises Louis XIV, recouverts en tapisserie, Commodes Louis XVI, Paravent en cuir
de Cordoue, Coffrets, etc.

ANCIENNES TAPISSERIES

AU PETIT POINT ET D'AUBUSSON

FAÏENCES ITALIENNES

Porcelaines de Chine, du Japon, de Sèvres, de Saxe
Objets en argent repoussé
Bois sculptés, Bronzes artistiques
Curiosités diverses

LE TOUT PROVENANT DE LA

COLLECTION DE Mme C. B.

DONT LA VENTE AUX ENCHÈRES PUBLIQUES AURA LIEU

HOTEL DROUOT, SALLE N° 3

Le Vendredi 20 Novembre 1868

A DEUX HEURES

Par le ministère de Me **BAUDRY**, Commissaire-Priseur,
rue Neuve-des-Petits-Champs, 50,

Assisté de M. **DHIOS**, Expert, rue Le Peletier, 33.

EXPOSITION PUBLIQUE

Le Jeudi 19 Novembre 1868, de 1 heure à 5 heures.

PARIS — 1868

CONDITIONS DE LA VENTE

Elle sera faite au comptant.

Les Adjudicataires paieront, en sus des enchères, CINQ POUR CENT applicables aux frais de vente.

DÉSIGNATION

Meubles anciens

TAPISSERIES

1 — Meuble crédence en bois sculpté orné de caryatides en relief et entièrement couvert de sculptures d'une riche ornementation; fin du XVIe siècle.

2 — Belle Glace Louis XIII, à encadrement d'ébène guilloché et gravé, avec ornements d'applique en cuivre repoussé. La glace est à biseau et décorée dans sa partie supérieure d'un Amour et d'une guirlande de fleurs peints en grisaille.

3 — Joli Guéridon en bois de fer, finement sculpté à jour, dessus en marbre brèche.

4 — Un Pouf recouvert en ancienne soie brochée et capitonnée, dite Pompadour.

5 — Deux Grands Fauteuils Louis XIV, recouverts en tapisserie au petit point à sujets et bordures d'ornements à fleurs.

6 — Deux Chaises analogues aux Fauteuils.

7 — Deux Tabourets.

8 — Six Chaises Louis XIV garnies en velours vert
et en tapisserie au petit point à sujets.

9 — Une Chaise Louis XIII en chêne sculpté,
garnie en velours vert.

10 — Trois Fauteuils chinois en bambou.

11 — Un Tête-à-tête en palissandre incrusté de
cuivres et couvert en soie brodée et chinée.

12 — Fauteuil analogue.

13 — Commode Louis XVI en bois rose et marqueterie, garnie de cuivres.

14 — Petite Commode Louis XVI en bois rose et
marqueterie à fleurs; dessus en marbre.

15 — Etagère d'applique en bois sculpté.

16 — Pupitre en bois sculpté.

17 — Écran en bois sculpté et soie brochée à fleurs.

18 — Paravent à six feuilles en cuir de Cordoue.

19 — Coffre en laque de Coromandel.

20 — Coffret à bijoux en bois rose orné de plaques
en cuivre gravées et dorées.

21 — Quatre Portières en tapisserie d'Aubusson,
doublées en soie blanche.

22 — Une Tapisserie de Flandres, à personnages.

23 — Deux Portières anciennes et un grand Lam-
brequin, orné de broderies à personnages,
feuillages et ornements sur soie blanche.

24 — Deux Bandes en ancienne tapisserie; médaillons à fleurs.

Objets d'Art et Curiosités diverses

25 — Une Corne de rhinocéros de grande dimension. Cette pièce remarquable est entièrement sculptée à jour de grappes de raisin et feuillages au milieu desquels se jouent différents animaux. Elle repose sur un socle en bois de fer finement sculpté à jour et formé d'une touffe de cactus.

26 — Une paire de Flambeaux en argent ciselé et repoussé : cariatides, chevaux marins, fruits, attributs et pied en forme de barque reposant sur quatre griffes de lion.

27 — Deux Statuettes de Bacchantes en bronze au vieil argent.

28 — Christ en croix en bois sculpté. Au pied de la croix, la Vierge et la Madeleine. Cadre en bois sculpté.

29 — La Vierge et l'Enfant ; groupe en pierre sculptée, peinte et dorée; travail de la fin du XVᵉ siècle.

30 — Bas-Relief en terre cuite représentant la Vierge agenouillée devant l'Enfant Jésus; travail italien.

31 — Un Éventail en vernis Martin.

32 — Joli Éventail Louis XV, orné d'un sujet pastoral.

33 — Deux Statuettes de jardin en terre cuite.

34 — Corbeille à anse en argent repoussé.

35 — Petit Reliquaire en argent repoussé.

36 — Un Chapelet russe, grains en verre bleu, croix et monture en argent.

37 — Vase de forme cylindrique orné de deux rosaces à jour ; bronze japonais.

38 — Une paire de Chenets avec galerie de foyer en bronze artistique doré et au vieil argent ; style antique.

39 — Grand Bassin ovale en cuivre jaune repoussé ; il est supporté par quatre pieds à griffes de lion.

40 — Bassin gothique en cuivre repoussé, représentant l'Annonciation.

41 — Bassine en cuivre repoussé.

42 — Cage en cuivre repoussé.

43 — Fontaine Louis XIII, en cuivre jaune.

44 — Horloge à tirage ; époque Louis XIII.

45 — Deux Figurines d'enfants, formant porte-allumettes en bronze ciselé et doré.

46 — Verre à pied gravé à figures ; époque Louis XIV.

47 — Canette et Chope en verre de Bohême.

48 — Cave à liqueurs, monture à cage en bronze ciselé et doré ; garniture en verres de Bohême.

Porcelaines et Faïences

49 — Deux Vases de forme cylindrique et à couvercles en porcelaine pâte tendre, fond bleu turquoise, décor à double médaillon représentant des groupes d'enfants et des oiseaux, monture en bronze ciselé et doré.

Provenant de la vente du roi Louis-Philippe.

50 — Deux Cassolettes à parfums en porcelaine gros bleu, monture à trépied en bronze ciselé et doré.

51 — Deux Médaillons ovales en faïence de Sèvres : le Printemps et l'Automne représentés par deux figures d'enfants en bas-relief sur fond marbré.

52 — Joli Coffret en Saxe, décoré de jeux d'enfants.

53 — Figurine en Saxe : jeune Dame tenant un masque.

54 — Autre Figurine : le Joueur de serinette.

55 — Grand Plat rond en faïence de Pesaro, décoré d'une figure de cavalier. Encadrement en bois sculpté à jour, noir et or.

56 — Autre Plat en faïence de Pesaro, décoré d'un buste de femme. Cadre sculpté noir et or.

57 — Plat de Faenza avec blason ; il représente
Méléagre chassant le sanglier ; cadre chêne
et or.

58 — Autre Plat de Faenza, représentant Apollon
et Marsyas.

59 — Grand Plat en faïence des Abruzzes, à rosaces, blason et bordures à jour.Cadre noir
et or.

60 — Plat à lobes en faïence d'Urbino, décoré au
centre d'un buste de guerrier casqué.

61 — Grand Plat en faïence de Savone, décor
bleu à sujet mythologique.

62 — Un Plat à reflets métalliques, gaudrons et rosaces. Cadre noir et or.

63 — Deux Cornets en faïence d'Urbino.

64 — Vase à anse, goulot à trèfle ; la panse est décorée d'un blason.
Daté 1619.

65 — Deux Vases de forme ovoïde en faïence d'Urbino ; médaillons à portraits.

66 — Autre Vase ovoïde décoré d'un médaillon à
figure avec inscription.

67 — Grand Plat à armoirie en faïence de Nevers ;
décor bleu.

68 — Plaque en faïence représentant : la Naissance
de Jésus.

69 — Une Plaque de Faenza à sujet mythologique ; cadre en bois sculpté à jour.

70 — Deux Plaques en faïence de Castelli représentant des sujets bibliques.

71 — Jardinière octogone à pans, en porcelaine de Chine décorée de fleurs et feuillages en émaux de couleurs sur fond blanc ; monture à anses en bronze ciselé et doré.

72 — Deux grandes Vasques chinoises en terre émaillée, décorées de figures en relief.

73 — Deux autres Jardinières avec socles en terre émaillée.

74 — Grand Vase à col évasé en porcelaine de Chine moderne.

75 — Deux Vases de forme ovoïde à couvercles en porcelaine du Japon ; décor bleu.

76 — Une paire de Lampes modérateur en céladon moderne, monture en bronze.

77 — Trois Plaques en faïence de Delft, décor polychrôme.

78 — Grand vase à fleurs en faïence de Nevers.

79 — Grand Plat ovale en faïence de Moustiers, décor jaune à figures et feuillages.

80 — Tabouret de jardin formé de coussins superposés ; faïence anglaise.

81 — Un Socle ou Tabouret en faïence de Minton, ornements à feuillages et oiseaux en relief.

82 — Sous ce numéro seront vendus différents lots : Porcelaines de Chine et du Japon, faïences françaises et autres, grès de Flandres. Verres de Bohême, etc.

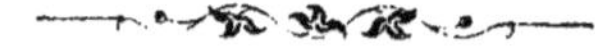

Renou et Maulde, imprimeurs de la Compagnie des Commissaires-Priseurs rue de Rivoli, 144.   189 8